AF435028

Catalogación en la publicación – Biblioteca Nacional de Colombia

Díaz, Amparo
    A campo travieso / Amparo Díaz ; ilustrado por,
Diana Sarasti Realpe. -- Bogotá : Editorial Magisterio, 2016.
    p. – (Colección Oso de Anteojos)

    Incluye datos biográficos de la autora al final del texto
    ISBN 978-958-20-1220-5

    1. Cuentos infantiles colombianos - Siglo XXI
    I. Sarasti Realpe, Diana Marcela, il. II. Título III. Serie

CDD: Co863.5 ed. 23   CO-BoBN– a983947

Colección Oso de Anteojos

A CAMPO TRAVIESO

©   Amparo Díaz (Antares)

©   Cooperativa Editorial Magisterio
Diagonal 36bis no 20-70
PBX: 0571-3383605
Bogotá, D.C. Colombia
www.magisterio.com.co

ISBN: 978-958-20-1220-5

Diseño e ilustración: Diana Marcela Sarasti Realpe

Impreso en Colombia

A CAMPO TRAVIESO

AMPARO DÍAZ

Ilustrado por:

DIANA SARASTI REALPE.

Reunión en el corazón del planeta

Llegamos de todas partes del país.

Después de largas jornadas de conversación sobre el apremiante tema de "La vida en armonía", acordamos por unanimidad que fuese yo la encargada de dar a conocer la compleja situación que nos aqueja. Si bien es cierto que mi lentitud podría ser un obstáculo para la urgencia de esta misión, fui sin embargo elegida por el hecho de ser la heredera de una memoria que por milenios mi familia ha sabido preservar. Se me acreditan calma y sabiduría, cualidades favorables para el tratamiento del delicado asunto.

No voy a empezar por presentarme a mí misma. Mi edad y mi rango dentro de la misión me lo permitirían, pero no es este el momento apropiado. Más adelante les contaré sobre mi vida. Primero, conocerán otros asuntos que tienen que ver con la vida de todos.

Viajaremos por todo el país con un compañero cuya intromisión será inevitable. Debido a su aguda curiosidad, siempre quiere meter la nariz en todo... Con un poco de paciencia, podremos convivir con sus impertinencias.

    – Soy yo, el mico Tití Gris, muy amigo de Doña Morroco. Nos conocimos durante circunstancias peligrosas, huyendo de enemigos en el Magdalena medio. Íbamos...

    – ¡Silencio! Recuerda que debemos proceder ordenadamente. Comenzaremos nuestro reporte por el lugar donde nos encontramos: ¡La Orinoquía!

– Está bien – dice Tití, mientras trepa a la rama de un samán que los reguarda del sol.

El delfín rosado y la nutria

Esto ocurrió hace mucho tiempo, después de la Gran Inundación. Por todas partes, donde fuera que se mirara, aún más allá de donde la vista podía alcanzar, había agua. Las montañas, los árboles y las flores eran tan solo un sueño en la memoria que flotaba fuera del tiempo. El sonido atravesaba libremente el espacio en ondas silenciosas. El sol tendía un tapete de estrellas doradas que titilaban sobre la superficie de un inmenso océano al ritmo del delicado oleaje mecido por una brisa fresca.

Reinaban la quietud y la calma. De repente,

desde el fondo de las aguas, un suave movimiento casi imperceptible surgió en medio de la gran masa. Era el aliento del delfín despertando la vida que allí dormía.

El planeta se sacudió estirándose, recogiéndose y doblándose sobre sí mismo en un juego amoroso e incontenible que tomaba formas voluptuosas, delicadas, escarpadas e imponentes. El agua se retiraba moviéndose en círculos concéntricos formando los lagos, las madreviejas, los ojos de agua o corriendo libremente por los perfiles de la tierra apenas trazados. Cantaba entre saltos y despeñaderos mientras serpenteaba por entre las piedras formando los grandes ríos, otros más pequeños, los arroyos, los caños.

Era el juego de la vida en una sinfonía armónica de colores, sonidos y texturas bajo la dirección del aliento del delfín, quien creaba bocanadas de energía creativa, nueva y luminosa.

Poco a poco se iba definiendo la silueta de la Orinoquía con una resonancia de expansión *hacia todos los confines del planeta.*

Pronto, hubo alas que surcaban el aire, aletas que chapoteaban en el agua y piernas que correteaban en un paisaje verde de aguas cristalinas y aire puro.

En medio de tanto esplendor, había un gran ausente y era el hombre.

Sin embargo, el delfín sabía de la existencia de un sobreviviente y era su deber encontrarlo para darle a conocer un lenguaje antiguo que le ayudaría a descifrar los misterios de la vida.

De cara al sol, consideraba las posibilidades. Concluyó que quizás se había refugiado al interior de alguna cueva y sólo se atrevería a salir hasta tener la certeza de que no correría peligro. Posiblemente estaría atento a alguna señal que se lo hiciera evidente. Pensó que si agitaba con fuerza la cola, se formaría una espumareda tal, que las burbujas subirían más arriba de la copa de los árboles y al contacto con la luz tomarían los colores del arcoiris. Al verlas, el hombre las interpretaría como la señal esperada. Curioso como era, iría tras ellas, y lo conducirían hasta las orillas del Río Orinoco. Dicho y hecho, sucedió como lo había supuesto el delfín.

Pero era una mujer y no un hombre la sobreviviente.

Allí estaba en un playón del río, de rodillas, sentada sobre los talones. Era de belleza simple y tranquila. Su ser expresaba paciencia, confianza y alegría.

Prendado, el delfín danzaba mientras entonaba una melodía dulce y cautivadora que despertó en la mujer un profundo sentimiento de amor.

Dejándose llevar por la magia de aquel instante, ella entró en las aguas del río sumándose a la danza del delfín. Se sumergen, fluyen, suben cantando, quieren ser uno.

Es aquí en este gran río, donde el pulsar de

la vida los llama, son la semilla de un nuevo amanecer en el planeta. De este encuentro nacen humanos y delfines, quienes comparten un secreto oculto a los ojos de los hombres.

Le corresponde al ser humano la tarea de abrir su corazón, antes de poder acceder a sus profundidades.

Mientras esto sucede, los delfines continúan jugueteando entre las aguas del Vichada y del Orinoco.

– Al parecer son muy importantes esos señores delfines, Doña Morroco – comentó Tití.

– Sí que lo son Tití. Tienen una conexión muy refinada con lo divino.

– ¿Se refiere usted a algún radar en particular Doña Morroco.

– De una cierta manera sí.

Tití salta agitado de una rama a otra, mientras dice en medio de chillidos que los misterios y secretos lo ponen nervioso.

– No es para tanto, Tití. Mira el sol que ya empieza a subir de nuevo y yo no he pegado ojo. Me voy metiendo en mi caparazón y no se hable más por ahora.

Voces distintas van despertando y entonando su canto al alba: El cirigüelo, las guacamayas, los gallos, el carpintero, el azulejo y la mirla.

Las aguas del río Orinoco siguen su curso, llevan reflejos y flores amarillas y rojas del chicalá y de los cámbulos.

Pasa volando un alcaraván mientras arriba de un samán, un arrendajo imita la voz del delfín. Se confunde la nutria, que sale a la superficie creyendo encontrar a su amigo el delfín rosado. Se sumerge de nuevo para aparecer unos segundos después, arriba de un tronco que la corriente ha arrastrado hasta en medio de dos grandes piedras formando un puente natural.

Desde allí puede vigilarlo todo: tiene hambre y necesita encontrar alimento.

Está alerta, sabe de los posibles peligros a los que está expuesta a la luz del día y sabe también que en cualquier momento deberá saltar al agua para salvarse o para atrapar los peces que la corriente del agua lanza al aire. Justo allí, está un hermoso grupo de peces iridiscentes, dando volteretas para caer bruscamente en el agua. Sin perder un segundo, se lanza la nutria al ataque y como una flecha, atrapa muchos peces, uno tras otro. Su cuerpo flexible y su larga cola le permiten nadar con la velocidad de una flecha.

Mientras tanto, alguien más toma su desayuno; es el delfín rosado, que en las profundidades degusta cangrejos y pequeños peces. Percibe el eco de los movimientos veloces de su amiga la nutria y ascendiendo se dirige en esa dirección. Al verla se acerca y la saluda dándole un topecito suave de cabeza en su barriga, a lo que ella jugetona responde con un chapoteo.

Nadan en círculos, se entrecruzan, suben a la superficie, canta el delfín, se alegra la nutria, agitando su cola con fuerza y asustando a la rana que tranquila se solazaba sobre una hoja de bijao. Da un salto y ¡ploff! Cae en el agua despernancada, buscando enseguida refugio entre los juncos.

– ¡Tanto alboroto esta mañana! – piensa la rana, entornando sus ojos en señal desaprobatoria.

Pero el delfín y la nutria no se percatan, conversan animadamente sobre los últimos sucesos en el río. El delfín escucha atentamente mientras la nutria seca su aterciopelada piel al sol, que resplandece en tonos plateados.

– No deberías arriesgarte tanto viniendo a esta parte del río. Te he dicho que este es uno de los lugares predilectos del jaguar – dice el delfín.

– Lo sé – responde ella –, pero me arriesgué hasta aquí huyendo de otros peligros de los que no sé cómo defenderme. La dinamita que algunos hombres usan para pescar... ¡Es espantoso! Muchos huyen, y como si esto no fuera suficiente, los hombres aprovechan esta circunstancia para ponerle trampas a los animales asustados que buscan refugio. ¡No logro entender por qué quieren tenernos en jaulas y vendernos como adornos en las casas de las ciudades! O por qué a algunos, como le ha sucedido a mis familiares, y puede sucederme a mí, nos quitan el pellejo... Tengo miedo delfín. No sé cuánto tiempo más podremos resistir a este desafío.

– El miedo no es buen consejero. La situación es lamentable, pero no debemos perder la calma ni la confianza. Algún día el ser humano despertará con claridad en el corazón y podrá comprender lo que le fue otorgado.

Danta Tapirus

Es noche de luna llena y en la sabana plateada todos los caminos se hacen visibles. Los movimientos se vuelven más cautelosos, mientras se respira una atmósfera de inquietud. El crujir de ramas secas delata la presencia de un caminante. Tití aguza sus sentidos en la dirección de donde provienen las pisadas y ve entonces el movimiento ondulante de las hojas de un arbusto. Alguien las sacude con fuerza.

Es la danta, que busca alimento moviéndose tímidamente entre los árboles.

Tití toma la iniciativa y de un solo salto aterriza a su lado. Alarmada, la danta da un brinco y entre bufidos y silbidos. Exclama:

– ¿Me quieres matar del susto? ¿O acaso te ha picado algún bicho?

– Disculpa mi brusquedad, no logro refinar mis modales, a pesar de las continuas llamadas de atención de Doña Morroco – dice Tití.

– ¿Quién eres? ¿Y quién es Doña Morroco – pregunta la danta.

– Soy Tití Gris y hago parte de una misión muy importante junto con Doña Morroco, nuestra líder y guía, por su sabiduría y edad; así lo determinaron en la reunión. Estamos…

– ¡Un momento! – interrumpió la danta. Vamos por partes. ¿A qué misión te refieres? ¿De qué reunión me estás hablando?

– Yo puedo explicártelo todo – interviene Doña Morroco, entrando en escena.

Con toda la paciencia del caso, se sienta cómodamente arriba de una piedra y expone tranquilamente la razón de su presencia.

– Qué alegría encontrarte, Danta. Sabemos que tú haces parte de la larga lista de los más afectados por la crítica situación.

Nadie mejor que la danta sabe del peligro permanente en que vive y tomando la palabra les cuenta:

– Hace muchos años, tantos que se pierden en la memoria del tiempo, hubo una gran migración de dantas hacia el sur. Iban buscando nuevas tierras y fueron poblando el continente americano a su paso. Conformaron grupos numerosos de familias y pronto aprendieron a temerle al jaguar y al puma. Compartían el cuidado de las crías y el disfrute de pasar largos ratos en el agua jugando y nadando. Quizá por eso llegaron a desarrollar la habilidad de controlar la respiración bajo el agua.

– Hemos conservado dicha cualidad hasta hoy – añadió la danta. Nos permite permanecer sumergidas durante largo tiempo para protegernos.

– Lo cierto es que en aquel entonces, los bosques eran mucho más poblados y la vegetación espesa. Por todas partes se escuchaba un concierto de voces y tonos. Eran las llamadas del amor, del regocijo y el sonido sordo de las vidas que se apagaban en el ciclo natural de la supervivencia. Todo ese bullir de la vida salvaje ha ido mermando en medio de espacios desnudos de vegetación cada vez más grandes.

– Es verdad – afirma Tití, – me pone nervioso tanto silencio. ¡Extraño la algarabía!

– Y sin embargo me parece que te las arreglas bien para hacer alharaca. ¡Siempre encuentras interlocutor! Aún en los sitios más desérticos. – Comenta Doña Morroco.

– Eres afortunado, Tití – dice la danta. En cambio yo, por ser tan tímida, me la paso muy sola.

– Pero si ustedes eran tan numerosas, ¿qué paso con todas las dantas?, ¿a dónde se fueron? – pregunta Tití.

Por un instante la danta guarda silencio mientras contempla a estos singulares personajes, quienes a la luz de la luna, se revisten de un aura misteriosa y magnética. Siente entonces en su garganta cómo se agolpan las palabras que quieren salir para para contarles su pena.

– Están en un mundo invisible. No podemos ver ni tocar sus cuerpos, pero su espíritu permanece y en ciertas ocasiones se nos manifiesta. Viene para impartirnos su enseñanza. También la reciben algunos hombres que comprenden los secretos de la naturaleza. De esta manera obtienen la fuerza del espíritu de la danta.

– ¿Cómo se reconoce dicho espíritu? – pregunta Tití.

– Somos hijas del viento que penetra el follaje suavemente y mece los morichales acunándolos con su vaivén. Esta es la característica de nuestra naturaleza. De ella aprendemos a desarrollar el poder que nos fortalece en medio de fuerzas territoriales y agresivas.

Amamos los lugares que nos ofrecen agua y alimentos y a diferencia de otros animales, que cambian a menudo de territorio, nosotras permanecemos y disfrutamos sentirnos parte del lugar. Pero esto nos hace vulnerables a los ataques de las garras y peor aún, a las trampas humanas. El hombre termina siendo víctima de su propio invento, pues a medida que la vida salvaje se acaba, aumenta su fragilidad. Sabemos que si el curso de las cosas sigue por el mismo camino, nuestro espíritu entrará a formar parte de los secretos del universo y su enseñanza desaparecerá de la faz de la tierra el día en que la última danta haya dejado de existir. Así lo hemos aprendido de nuestros ancestros.

Con estas palabras concluye la danta su historia, mientras se entretejen en silencio los pensamientos de los tres, como hilos a través de la noche, más allá de los confines de la sabana. Finalmente Doña Morroco rompe el silencio diciendo:

– Ha sido muy valioso escucharte y con tu relato continuaremos en busca de otros testimonios.

Se disponen a partir, pero antes de separarse, la danta les sugiere:

– Si van en dirección de los morichales que están en la misma línea de las montañas al oeste, encontrarán a los venados.

Continúan entonces su marcha entre caminos plateados, con el pulsar de la vida en sus corazones y el compromiso firme de cumplir con su objetivo.

Poco a poco el atardecer va llegando, mientras de la penumbra surgen los cocuyos con sus luces intermitentes anunciando la aparición de personajes en el escenario de esta gran aventura que es la vida en la tierra.

Es el tiempo de las ranas con su croar, de las notas sostenidas y estridentes de los grillos, del misterioso canto del búho, del vuelo preciso y veloz de los murciélagos. Es el tiempo de la vida nocturna y ahora, es noche de luna llena…

La venadita

Los ojos de la venadita brillaban de emoción y timidez cuando tomó la palabra y empezó a contar:

Esa tarde el cielo parecía en llamas. Una bola de fuego descendía en el horizonte, encandelillando los ojos de quienes contemplábamos por entre el follaje la belleza de ese instante.

Sin embargo, teníamos sed y entre los más pequeños crecía la inquietud para calmarla.

Yo no veía la hora de salir corriendo hasta el caño que vislumbraba desde el morichal donde nos encontrábamos. Empujábamos a los adul-

tos, acosándolos, para que terminaran pronto con el ritual diario de contemplación del atardecer. Todavía no podíamos comprender lo que impulsaba a nuestros padres y al resto de los adultos del grupo, a acudir día tras día, a lo que ellos llamaban el disfrute de los momentos más maravillosos: el alba y el crepúsculo.

Con el tiempo iría entendiendo la importancia de saber moverse en el momento justo y de permanecer quieta cuando las circunstancias así lo requerían.

La primera cosa que mi madre me puso en claro cuando iniciamos nuestras salidas por el llano fue:

' Si quieres sobrevivir y disfrutar de la belleza de la sabana, debes estar atenta, seguir las reglas y enseñanza durante los dos cortos años que vas a permanecer a mi lado. Después habrás aprendido todo lo necesario para vivir tu vida '.

En esta enseñanza también participaban otros

venados adultos con relatos de sus propias vivencias y las de sus ancestros.

Sin parpadear, vi cómo una vez más al sol se lo tragaba la llanura. Los mayores dieron entonces la señal para salir de entre el morichal:

– Pueden ir a tomar agua – dijeron. ¡Pero sin atropellarse!

El agua fresca y cristalina era una recompensa deliciosa a la larga espera en los refugios diurnos, en donde además de sombrío y protección, los jóvenes venados recibíamos los conocimientos que por generaciones habían permitido la preservación de nuestra existencia.

Esa tarde, uno de los venados mayores nos había dicho que por ser venados y vivir en La Orinoquía, la velocidad, la osadía y la prudencia nos eran imprescindibles. Que la naturaleza nos había provisto de éstas cualidades y nos correspondía aprender a desarrollarlas y afinarlas.

Levanté la cabeza buscando identificar con la nariz la dirección del viento. Iba de norte a oriente. Pensé en los Tepuyes, donde viven los dioses y en lo mucho que me gustaría conocerlos, pero estaban lejos y por más que corriera, no lograría llegar antes de ser alcanzada por las garras o las balas, que se habían convertido en nuestra mayor amenaza. Recordé a uno de mis ancestros y su último sueño de alcanzar los Tepuyes. Un escalofrío me recorrió el cuerpo. Las historias que se contaban sobre él parecían no tener fin. Una de ellas, la que selló su vida, fue precisamente su intento de llegar a ellos.

Sus padres habían nacido allí y siempre le habían hablado de ese lugar con veneración.

Era un lugar sagrado, donde en tiempos muy remotos, le fue entregado en custodia a nuestros ancestros el don de curar el temor en los hombres. Bastaba sólo el contacto, pero había una exigencia: Era menester para ser sanado acudir con el corazón sincero. Cada sanación iba acompañada de un toque de tambores que podía escucharse a muchos kilómetros de distancia.

Fue así como esta ceremonia también llegó a oídos de un brujo arrogante y perverso, a quien le resultaba insoportable la idea de no tener bajo su dominio el don de los venados. El brujo decidió trazar un plan para apropiarse de este don. Fingiría ser un hombre extenuado por una pena profunda, valiéndose para ello de subterfugios y bebedizos que transformarían su aspecto. Esperó la luna nueva para tener de su parte a la oscuridad y tuvo éxito.

Pero nunca imaginó, que este don perdería su

poder en posesión de otros que no fueran los venados.

Lleno de ira por su propio engaño, desató una terrible persecución y por eso desde entonces, los venados son cazados vorazmente por los humanos. Cuentan que cada vez que un hombre mata un venado, se oye el lamento de un tambor en los Tepuyes.

Los días previos a su partida mi ancestro se debatía entre cumplir con su deber como macho y guía del grupo y el profundo deseo de su corazón que lo impulsaba hacia los Tepuyes, para recuperar el don perdido a manos del malvado brujo y volver así a escuchar el repicar alegre de los tambores celebrando la vida.

Ganó el corazón. La decisión estaba tomada, salió al atardecer.

Todo parecía muy tranquilo, la temperatura era agradable y no había viento, lo que no siempre era favorable. Con el viento llegan señales de posibles depredadores y su ausencia lo hacía vulnerable. En el cielo se dibujaba una uña de gato blanca. Parecía puesta allí como una señal para indicarle el estar alerta al enemigo. Pero él sabía de su capacidad para correr, conocía muchos trucos de camuflaje y tenía confianza en sí mismo.

Inició su viaje con un trote ligero, aumentando y disminuyendo gradualmente la velocidad para no cansarse y mantener un ritmo. Corrió toda la noche y sin parar hasta el amanecer. Buscó un refugio donde dormir y encontró un denso platanillal que le pareció apropiado, pues el color rojizo de su pelo se mimetizaba con las flores rojas pendulares.

Allí se echó a reposar. Cuando el sol inició de nuevo su descenso, continuó su camino. Salió de su escondite y atravesó un pajonal.

Hizo algunos giros alrededor y siguiendo su olfato, encontró un ojo de agua. Bebió hasta saciarse y continuó su marcha. Transcurrieron varias horas, cuando no muy lejos vio una luz que le llamó la atención. Se detuvo a mirar, era un caney, una vivienda de hombres.

Hasta ese momento había sido muy hábil moviéndose en zig-zag y a veces en círculos para despistar a posibles perseguidores. Y sin embargo, ahora estaba allí, cometiendo una gran imprudencia, estaba cerca de uno de sus enemigos más peligrosos.

Aceleró la carrera, pero ese breve instante, había sido suficiente para ser detectado por los perros. Al interior del caney se armó un barullo con los ladridos. Dos hombres armados se dispusieron a salir tras de la presa, y en compañía de los perros iniciaron la cacería.

El venado corría a gran velocidad entre los matorrales. Sabía que la vegetación haría difícil a los hombres acertar la puntería, pero tenía la desventaja de quedarse atascado entre las ramas debido a su enorme cornamenta. Esa misma cornamenta de la que se sentía orgulloso frente a las hembras y con la que había ganado varias contiendas, era en ese momento un obstáculo para sobrevivir y el trofeo que los hombres querían obtener a toda costa.

Cada instante que pasaba, sentía a los perros más cerca. Se oyeron varias detonaciones y en los Tepuyes el eco de un golpe seco de tambor. El corazón de un venado había dejado de latir.

Tan conmovido estaba Tití con el relato, que ninguna expresión verbal lo asistía. Alzó los ojos al cielo y emitió un chillido agudo al ver una estrella fugaz recorrer la noche naciente.

– Es un saludo del cielo – dijo Doña Morroco. No estamos solos en ésta misión. Tenemos compañía desde los cuatro puntos cardinales.

Tití y el armadillo

Saca Doña Morroco la cabeza de su caparazón y un sutil vaho de olor a tierra mojada llega hasta su nariz.

– Grandes lluvias que se aproximan. Ya va siendo hora de encaminarse hacia las montañas – pensó Doña Morroco.

Tití se espulgaba despreocupado subido en un árbol mientras charlaba animadamente con una guacamaya vecina.

– ¡Tití! – dijo Doña Morroco. Deja ya

tanto cotorreo y prepárate para partir mañana al alba.

– ¿A dónde vamos así tan de repente? – Contestó Tití.

– A las montañas, se acercan las grandes lluvias.

– Pero, si el cielo está despejado, ¿cómo puede usted hablar de lluvias?

– Yo sé lo que te digo, en pocos días retumbará el llano con los truenos y puesto que soy de lento andar, es mejor que nos hagamos al camino con tiempo suficiente. Es este el momento para ir allí, al encuentro de los otros amigos; también ellos tienen cosas para contar. Y, me parece que es una magnífica oportunidad para que tú seas el guía, pues vamos en dirección de tu territorio.

Tití respondió con entusiasmo a la propuesta de Doña Morroco. Se sentía orgulloso de que ella le confiara esa responsabilidad.

Salieron al alba mientras el sol de misterioso brillo anaranjado se alzaba sobre la sabana adormecida.

Iban hacia occidente. Doña Morroco pasito a paso y el guía Tití, de rama en rama, con piruetas ágiles y pequeños saltos. Tití se tomaba en serio su papel y hasta el tono de su voz parecía mas grave. Pero algo inesperado lo tomaba por sorpresa. Él había recorrido esos parajes antes y ahora. Una mezcla de nostalgia de su hogar, temor y expectativa de volver allí lo poseía, haciendo que la duda empezara a socavar su voluntad de seguir. Duda que iba sintiendo más fuerte a medida que dejaban atrás la sabana y sus morichales, los alcornoques, los chaparros, los matarratones y los guásimos. Toda esa vegetación se había convertido en su segunda casa, lo había acogido en su seno luego de haber escapado de la perspectiva de una vida miserable. Tal vez no era muy buena idea seguir en ese proyecto con Doña Morroco.

Su curiosidad y su entusiasmo de querer ayudar, lo habían impulsado a ofrecerse a acompañarla y hacer conocer al mundo lo delicado de la situación. Pero ahora que se adentraban por los umbríos corredores altitudinales de la montaña, se sentía diferente, no se reconocía a sí mismo, lo atormentaban los recuerdos, se sentía débil e irascible, más sin embargo, seguían avanzando.

Doña Morroco no decía nada, pero venía notando los cambios en el estado de ánimo de su compañero de viaje. Intuía por lo que estaba pasando, pero no quería molestarlo con preguntas.

Tití estaba hecho un ovillo de sentimientos confusos y una noche mientras trataba de acomodarse para dormir arriba de una rama de un guayacán, dio una vuelta y perdió el equilibrio cayendo al suelo como un fardo.

Por fortuna lo recibió un mullido colchón de hojarasca seca que amortiguó el golpe. Entre quejidos y gran alharaca, Tití se revolcaba en la hojarasca, despertando a algunos y asustando a otros.

Acude Doña Morroco. Lo observa una lechuza. Se asoma un armadillo a la entrada de su madriguera y pregunta:

– ¡¿Qué es lo que pasa aquí?!

– Se ha caído del árbol mi amigo Tití – dice Doña Morroco.

– Y de tan tremendo costalazo espero que sus costillas estén todas completas.

– Si usted me lo permite, puedo examinarlo. – Intervino la lechuza mientras suavemente decendía al lado de Tití.

– ¡Ay, ay, ay…me voy a morir!!! – lamentábase Tití.

– ¡No todavía! ¡Trate de calmarse y no moverse tanto! – le decía la lechuza en tono imperativo mientras lo examinaba con atención.

– No es nada grave, sólo algunas contusiones y magulladuras. Guarde reposo y en un par de días podrá volver a la normalidad.

– ¡¿La normalidad?! Hasta hace poco mi normalidad estaba cerca de las palmas, el araguaney, el marañón. Pero ahora, ¡¿cuál es mi normalidad?! Vamos de vuelta a lo que yo creía haber olvidado. – grita Tití exaltado.

– Por lo que veo, una conversación que aligere el peso de lo que Tití lleva en el corazón – intervino Doña Morroco mirando tiernamente a Tití.

La lechuza perpleja y estupefacta, vuela y se posa en una rama baja, tomando una distancia prudencial, pero suficiente para poder observar la situación, sin estar involucrada.

– Doña Morroco, usted recuerda cómo nos conocimos y prácticamente le debo la vida. Estos días que hemos estado caminando entre los bosques que se asemejan al lugar donde yo nací y crecí, he sentido nuevamente el mismo temor de mis últimos días con la manada. En sueños, vuelvo a ver recuerdos que me aterrorizan; veo caer cientos de árboles que parecieran gritar de dolor antes de hacer retumbar la tierra con su peso muerto. Veo grupos de Titís huir despavoridos salvarse de las redes que les tiran los hombres para atraparlos y venderlos como mascotas. Yo era uno de ellos, que más que correr volaba hasta caer exhausto del cansancio y casi sin sentido. No se cuanto tiempo pasó hasta que usted me encontró.

– Estabas muy enfermo Tití, tu respiración era muy débil y tu cuerpo parecía un fruto seco de cacao. Por fortuna estábamos cerca de unos pozos de agua, donde crecían plantas medicinales. Con esto y la ayuda del Gran Espíritu, te salvaste. Diría que tienes las siete vidas del gato, porque de nuevo te veo en el suelo hecho un nudo de dolores, pero con vida. Eres afortunado y esto es razón suficiente para que cambies tristeza por alegría. Fue muy duro lo que viviste, pero puedes usar la fuerza misma de ese recuerdo para transformarlo en confianza de que nuestra misión va a tener buenos resultados. Si logramos dar a conocer lo que está pasando, existe la posibilidad de que el hombre se detenga y reflexione sobre la manera equivocada en que está conviviendo con el espacio natural.

– No estaría mal que yo consiguiera algo de alimento para Tití – intervino el armadillo. Mi olfato me dice que bajo el árbol, cerca de las raíces, hay unas apetitosas chisas que pueden ayudarle a levantar el ánimo. No habiendo terminado de decir esto, se puso a escarbar velozmente con sus patas delanteras. Al poco tiempo, ya le ofrecía a Tití un montón de chisas que devoró al instante.

– Como ves, Tití, no puedes quejarte. Recibes muchas cosas buenas. ¡Vamos, anímate!

No se sabe qué fue, si el manjar que comió, o las palabras de Doña Morroco, o la vigilancia de la lechuza, o quizás todo a la vez, pero lo cierto es que poco a poco su cuerpo se fue relajando y entrando en un sueño profundo, mientras, la madre tierra emanaba una brisa cálida y perfumada de jazmín, llenando el espacio de calma y suavidad.

Era su manifestación de amor por aquel pequeño ser que dormía.

Hubo un silencio largo de miradas y respiraciones, hasta que el armadillo, sin dejar de observar a Doña Morroco, dijo:

– Tenemos mucho en común Doña Morroco. Nuestro origen es muy antiguo, nuestros cuerpos están provistos de buena protección. Heredamos una historia antiquísima. Nuestros antepasados vivieron grandes transformaciones del entorno. Pero los cambios de ahora alteran las leyes del universo y eso me inquieta.

Tengo serias dudas de que la situación pueda cambiar para bien. Como usted sabe, gran parte de mi vida transcurre bajo la tierra. Por eso siento claramente su palpitar y créame, he percibido en algunas ocasiones su latido irregular. Cuando esto sucede, me enrosco sobre mí mismo en busca de protección. Quizás porque paso tanto tiempo entre galerías subterráneas y en la oscuridad de la noche, ¡no veo con claridad hacia dónde estamos yendo!

– Al contrario – interrumpió Doña Morroco, – es justamente esta condición de profundizar en el silencio y la calma interior de la tierra, la que te permite iluminar tu pensamiento.

El armadillo guardó silencio unos minutos, parecía reflexionar antes de seguir hablando. Y acto seguido prosiguió:

– Doña Morroco, yo no me opongo a que mi caparazón que en vida me protege de los peligros externos, pueda también ser útil después de morir, claro está, de muerte natural. Pero, cuando se nos persigue hasta casi el exterminio para devorarnos y arrancarnos la piel, creo que hay algo que no anda bien.

– Por eso la importancia de que seamos escuchados – concluyó Doña Morroco.

Y una vez más, la noche tendió su manto sobre nuestros amigos, que deberán seguir viajando en búsqueda de más historias.

El oso de anteojos

A lo lejos, en el llano que habían dejado atrás, se vislumbraban fogonazos de luz blanca y se oía el rugir de una tormenta precipitarse en copiosas lluvias.

Entre tanto, Doña Morroco, ha estado durmiendo a intervalos cortos, pues gran parte de la noche permanece vigilante del sueño de Tití.

Unos tímidos rayos de sol despiertan dulcemente el bosque. Cantos y trinos de pájaros se entremezclan con una estridente algarabía de micos que reconforta el corazón de Tití. Intenta levantarse de su lecho, pero su cuerpo adolorido frena su impulso. Busca con la mirada a Doña Morroco y ella desde su serena existencia le dice:

– Si quieres volver con los tuyos, puedes hacerlo, no te sientas atado a mí.

Tití siente un deseo muy fuerte de volver con la manada que lo hace dudar de continuar con la misión, pero algo en su corazón lo invita a quedarse con Doña Morroco. Se sienta, respira profundamente y dice:

– Estoy listo Doña Morroco, ¡sigo con usted! Tenemos una misión que cumplir.

Un par de días después, se hacen de nuevo al camino y en esta ocasión Tití encuentra que la lentitud de Doña Morroco en su desplazamiento, es apropiada para su recuperación. Por primera vez, no hace comentarios sobre la velocidad de las tortugas.

Cerca de un estanque en el que se detienen a beber agua, Doña Morroco advierte una huella impresa en la tierra húmeda. Se queda observándola con detenimiento, cuando de repente, ¡plaff!! Salta una rana en el estanque y posándose encima de una rama que flota en la superficie dice:

– Es del oso de antejos. ¿Vive por aquí cerca? – pregunta Doña Morroco.

– Arriba en la montaña, en una cueva oculta.

– ¿Oculta? – inquiere sorprendido Tití.

– Sí, encontrarla no es fácil, pero yo sé dónde está, pues somos amigos.

– ¿Podrías llevarnos? Debemos conversar con él – pregunta de nuevo Doña Morroco.

– Puedo guiarlos una parte del camino, pero no hasta la entrada de la cueva, porque eso sería poner mi vida en peligro – respondió la rana.

– ¿Acaso no es tu amigo?! – comenta Tití.

– Sí, pero en poco tiempo no habrá luna y el invierno se está acercando. Es el período de mayor recogimiento para el oso y por consiguiente no le gusta ser perturbado por visitas, ni siquiera de sus amigos. Su humor puede verse seriamente afectado y no es mi deseo terminar entre sus fauces.

Tití mira perplejo a Doña Morroco y turbado pregunta:

– ¿No sería mejor que esperáramos a que cambié el clima..?

Pero Doña Morroco está absorta en sus consideraciones. Hay algo en ese encuentro que la inquieta, algo que tiene que ver con ella, un ligero presentimiento se mueve en su corazón. Sin embargo prefiere no alarmar a Tití ¿Qué podría decirle?

Ella misma no tiene claro en qué consiste su inquietud. Sólo atina a contestarle después de un rato:

— Tiene que ser ahora Tití, es la oportunidad que tenemos. Verás que alcanzamos a encontrarlo antes de la luna nueva.

Tití no está muy convencido, pero confía en Doña Morroco y aunque sus piernas tiemblan al pensar en el oso, se pone en marcha.

El camino es en ascenso, entre senderos estrechos, que por momentos desaparecen en una curva boscosa o entre la maraña de arbustos. Con su caparazón, Doña Morroco se queda atascada varias veces, de modo que todos deben colaborar para liberarla y continuar su camino.

Estas dificultades toman tiempo y exigen ir con calma, lo que preocupa mucho a Tití, quien desde el inicio de la marcha no ha podido dejar de pensar en el oso. Una noche, sueña con él. En su sueño recorre caminos y lugares desconocidos hasta llegar a un campo abierto donde escucha voces, risas y gritos de niños, que provienen de una gran carpa iluminada en su interior. La luz proyecta en las paredes sombras raras y grotescas, que intimidan a Tití, pero no dejan de causarle curiosidad. Sigilosamente se acerca y a través de una abertura, ve mucha gente sentada en círculo y en el centro, animales que no conocía.

Tienen comportamientos extraños, hacen movimientos raros y por momentos pareciera que bailaran. Sin embargo no se ven felices, por el contrario, en sus expresiones se denota sufrimiento. De repente, entra un hombre con un aro de fuego y lo pone frente a un gato gigante. El animal fija su atención en el aro y comienza a dar vueltas alrededor de sí mismo. "Está nervioso, tiene miedo", piensa Tití, mientras se pregunta: "¿Qué pensará hacer?".

El gran gato se ha decidido a saltar y se lanza hacia el fuego. Tití grita con angustia, cubriéndose los ojos. Al mirar nuevamente, siente que algo está pasando con su cuerpo. Tiene la facultad de agigantarse; se estira y se estira como si fuera de caucho, tanto, que los árboles parecen ramitas de pasto entre sus piernas. Aunque sorprendido, no pierde tiempo buscando explicaciones a lo que le sucede y en cambio se decide a sacar los animales de la carpa. Algo lo impulsa a liberarlos, así que los alza entre sus brazos y se eleva por los aires. Al amanecer lo despierta el canto de una mirla y palpando rápidamente su cuerpo, exclama:

– Pero, ¡que pequeñito soy!!! – Se rasca la cabeza tratando de entender el sueño, pero todo le parece muy confuso.

Antes de seguir montaña arriba, toman un frugal desayuno. Prefieren sentirse livianos para que el ascenso les resulte más suave.

Entre tanto, el oso se prepara para su retiro y a diferencia de ellos, tiene la panza más que satisfecha, lo cual significa una buena reserva de energía, para nutrirse durante su periodo de hibernación. Ha recogido ramas, musgo y hojas secas, haciendo con ello un mullido lecho. Los sistemas de alerta de su cuerpo se disponen a bajar la intensidad, así como el pulsar de la sangre y las palpitaciones del corazón. Sin embargo, se percibe todavía en sus movimientos una actitud sigilosa; va de un lado al otro frente a la cueva, alzando el hocico y olfateando el aire, emitiendo rugidos, anunciando a los cuatro vientos su retiro y amedrentando a posibles merodeadores.

Resuena el eco de su rugir varios kilómetros a la redonda, llegando a oídos de nuestros amigos, quienes se estremecen tanto de temor como de regocijo al saberse cercanos.

– Hasta aquí llego yo. El resto del camino pueden continuarlo sin mi guía – dice la rana, con voz entrecortada por la resequedad en el gaznate que le ha producido el temor de enojar al oso.

– Tranquilízate querida amiga – le responde Doña Morroco. Nos ha sido muy valiosa tu ayuda. Agradecemos tu disponibilidad y paciencia para escuchar los pormenores de nuestro viaje. Regresa a tus charcos y compón una canción sobre esta aventura, para que la cantes en noches de invierno.

– Ay Doña Morroco, mejor no mencione la palabra invierno, porque se nos viene encima con todo y oso – comenta Tití.

– Deja tus temores y apretemos el paso para llegar pronto a nuestro destino – responde ella, mientras ascienden en espiral por el sendero que los lleva a la morada del oso.

Arriba en la montaña, el oso respira y observa. Agudizando su percepción, se levanta sobre las patas traseras y ladeando su cabeza de izquierda a derecha, barre con el olfato todo movimiento posible, detectando la cercanía de Tití y Doña Morroco.

Se estremece, ruge y camina de un lado para

otro frente a la entrada de su cubil, una antigua desazón aparece aguijoneando su memoria, la creía olvidada, pero el recuerdo permanece en sus células. Es la angustia de sentirse encerrado, amenazado, indefenso. Algo desconocido se acerca, algo que mueve todo su ser.

Entre tanto Doña Morroco no se detiene, continúa a paso lento pero constante, seguida muy cerca por Tití.

Finalmente llegan a la cueva y para su sorpresa, encuentran despejada la entrada. Tití tiembla de una manera tan violenta que sus dientes castañetean. Doña Morroco mete la cabeza en el agujero y con voz respetuosa pide permiso al oso para entrar. La oscuridad en su interior no le permite distinguir ninguna forma; nadie responde a su llamado.

Da un paso más y todo su cuerpo se encuentra ya al interior de la cueva. Se presenta, y mientras habla con voz pausada y grave, distingue en el fondo dos luces centelleantes. No son cocuyos, son los ojos del oso, que la observan casi sin respirar. Ella finge no haberse dado cuenta de su presencia y continúa a relatar su viaje. Tití se queda en la entrada de la cueva haciendo guardia, listo a pedir ayuda por si las moscas.

Poco a poco, las palabras de Doña Morroco, van cayendo una tras otra en un vacío sin eco, hasta que su voz desaparece por completo. Un silencio profundo se instaura y la gravedad de la tierra se suspende.

Siente entonces su cuerpo navegar en una noche sin fin; ella es el universo entero y de cada uno de los círculos de su caparazón surgen las estrellas, los planetas, las lunas y los soles. Innumerables galaxias la atraviesan, con cometas de fuego y explosiones de luz. Su mirada cósmica lo abarca todo y ve la vida aparecer en cristales geométricos, que se juntan y se disocian en un juego infinito de formas.

Brotan de sus ojos lágrimas que descienden suavemente, humedeciéndolo todo, formando charquitos en los orificios que ha dejado la lluvia de meteoritos en la luna que la circunda. Se asoma a uno de ellos y ve un arcoiris por el que viene subiendo el oso hasta alcanzarla.

– Ven, – le dice el oso. Es hora de regresar a la cueva. Sus miradas se entrecruzan en profunda comunión.

– Salgo de tus lágrimas porque yo ya estaba en tí desde antes de que entraras a la cueva.

– Mis lágrimas – piensa ella – ¿De dónde salen estas lágrimas que lo contienen todo? ¿A quién dar las gracias por esto que he vivido? – pregunta en voz alta, percatándose en ese momento de haber vuelto a su normalidad.

Está frente al oso, gira su cabeza y ve a su espalda en la entrada de la cueva, la cola de Tití que se balancea; está sentado arriba de la entrada vigilando.

– Doña Morroco, dile a Tití que entre, – le pide el oso.

Ella lo hala de la cola, llamándolo. Tití percibe tranquilidad en su voz, por lo que se atreve a bajar y saludando de manera afable, se acomoda muy cerca de la entrada.

El oso se dirige a Doña Morroco y le dice:

– Conoces mi necesidad de soledad y recogimiento, porque así también eres tú, lo que te ha dado la confianza para perseverar y llegar hasta aquí, sin miedo a perturbar el fluir de la vida y sus ciclos. Entiendes por tanto lo ultrajante que resulta cuando se nos priva de esta libertad de introspección y nos obligan a volvernos mascotas, a comportarnos como robots, a entregarnos a un sopor donde perdemos nuestra identidad, nuestro coraje y discernimiento. Esta fue una enseñanza muy dolorosa, durante mi niñez, pues crecí en cautiverio, del que pude escapar. Yo era un pequeño ozesno de tres meses, cuando unos hombres me encerraron en una gran jaula rodante, que junto con otros animales, nos llevaban de pueblo en pueblo, sometiéndonos por la fuerza a movernos y actuar de manera humillante frente a un público que reía y aplaudía y por lo que, supuestamente, ¡deberíamos estar contentos!!!

Sin pensarlo dos veces, Tití se incorpora gritando:

– Como en mi sueño, ¡tal cual!

– ¿De qué sueño hablas? – le pregunta Doña Morroco.

– La carpa… el gato gigante… Salen atropelladas las palabras de la boca del exaltado Tití.

– ¡Explícate! – le ordena el oso.

Y Tití relata su sueño, acentuando los momentos difíciles con movimientos y gestos exagerados de su cuerpo. Al finalizar, el oso le dice:

– Lo que hiciste en el sueño tiene repercusión en la vida real, pues liberaste tu naturaleza esencial, que actúa tanto en los sueños como en la vigilia. Pero en tu sueño, no solamente es loable tu acción, sino que además contiene el don de la sanación, ahora mismo con tu relato, me has liberado de las cadenas de mi pasado, has sanado viejas heridas, purificado mi propia naturaleza. También tu sueño revela lo valiente que eres Tití, no tienes por qué temer, pues en ti habita una fuerza más grande que el tamaño de tu mismo cuerpo.

Tití siente como su pecho se hincha de emoción, quiere compartir su sentir con Doña Morroco y busca su mirada, pero nota un cambio en ella, hay una luz en sus ojos que no había visto antes. Una luz que lo conmueve y acrecienta el respeto que siente por tan distinguida compañera de viaje. Decide guardar silencio y esperar una señal de Doña Morroco para partir.

Ella, por su parte, entiende que es hora de salir, de continuar el camino y su búsqueda de otros testimonios, de otros encuentros. Al despedirse del oso, le duele el corazón, algo de ella se queda allí para siempre.

Nunca volverá a ser lo que creía que era. Ella tan antigua, que suponía haberlo visto todo, pero ahora se siente distinta, como si hubiese vuelto a nacer, como si empezara a caminar desde el inicio.

Al encuentro del cóndor, el avatar del Sol

" Ya llegan, ya llegan…". Era el eco de un susurro que el viento traía, chocando contra la montaña cubierta de nieve y levantando un remolino resplandeciente de cristales blancos, que se tornaban dorados al contacto con los rayos del sol.

El cóndor suspendido en la corriente de aire y con la majestuosidad de sus alas desplegadas, esperaba con paciencia a que terminaran su ascenso.

Una luz blanca se descolgaba sobre el estrecho cañón, alcanzando el valle en forma de fino manto que flotando sobre la yerba, envolvía el paisaje con un aura sutil. Allí, en algún lugar del cañón, resguardados por aquel delicado manto, habían quedado dos cuerpos extenuados.

La exigencia de tan escarpadas alturas, les había impedido continuar el ascenso hasta los territorios del cóndor. La voluntad y el esfuerzo no habían sido suficientes para seguir avanzando. Sus cuerpos estaban hechos para otros hábitats y aunque ya habían demostrado valentía al superar las fuertes pruebas físicas a las que se habían sometido para cumplir con su propósito, en ésta ocasión necesitaban algo más que el coraje. Desde el momento en que salieron de la cueva del oso, se hallaban en un estado de profunda conmoción, que los hacía vulnerables a las dificultades del ascenso de la montaña. A medida que ascendían, la respiración se iba haciendo más difícil y la baja vegetación no les ofrecía reparo alguno contra la fuerza del viento. Oleadas intermitentes de calambres musculares atacaban a Tití; el dolor era insoportable y una sensación de parálisis lo invadía.

Doña Morroco contaba con su caparazón, que la protegía hasta un cierto punto, pero la falta de oxígeno la afectaba y varias veces se vio muy cerca de irse a botes, arrastrada por el viento.

Ninguno de los dos se atrevía a manifestar el miedo de morir en aquellos parajes. Pero no sólo el viento era implacable, también el hambre acechaba, desentrañando en Tití un grito agudo:

– ¡Doña Morroco! – exclamó Tití. – No puedo más. Tengo hambre y frío. No hay nada aquí que un mico pueda comer.

Doña Morroco miró a su alrededor, buscando algo que pudiera calmar la urgencia de su valioso compañero, rasguñaba la tierra en torno a los frailejones, pero sólo encontraba pedruscos y terrones secos. Entonces una voz en su interior la alertó del peligro en que se encontraban, pues ni siquiera agua habían bebido en los últimos días. Mordisqueando una hoja de frailejón, pudo beber unas gotas del preciado líquido y acercándosela a los labios de Tití, quien yacía tendido en la tierra contorsionando su pequeño cuerpo, dominado por los retortijones de su estómago vacío y por el rigor del viento helado, le decía:

– ¡Bebe Tití, bebe! Aguanta un poco, vamos a salir también de ésta, ya verás. Pero en el fondo de sí misma, Doña Morroco no estaba segura de lo que decía. Se preguntaba si se había excedido al creer que podrían llegar hasta los dominios del cóndor, tan distantes de su ho- gar. Lo cierto era que Tití estaba muy mal y ella se sentía exhausta. Necesitaban descansar.

Poco a poco sus cuerpos fueron entrando en un letargo, mientras el páramo se iba cerrando sobre sí mismo, envolviéndolos en un capullo blanco. Los débiles latidos de su corazón viajaron en ondas subterráneas, hasta alcanzar a otros seres, siempre alertas a toda vibración. Y he aquí que en el eco de la noche eterna resuena el canto de aguas primigenias. Una de ellas confluye en la otra, en un infinito fluir de la vida. Se escucha un chapoteo entrando en conjunción con la explosión lejana de olas y de espumas, que se levantan a la caída de un cuerpo enorme en inmersión a las profundidades azules, para ascender de nuevo a la superficie, cantando y esparciendo sus notas con un gran resoplido de trombón marino. Es un enorme cetáceo, cuyo gran radar percibe todos los movimientos vibratorios. Ha sentido el latir casi agonizante de los corazones de Morroco y Tití. Debe ayudarlos a cumplir con su empeño, a que no mueran en su intento de rescatar el equilibrio en la Tierra.

Envía una señal de ultrasonido al jaguar del río Apaporis. Ella conoce su ligereza y agilidad excepcionales, su capacidad de ver en la oscuridad a muchos metros, sus poderes para viajar entre mundos y transmutar.

El jaguar reacciona de inmediato a la señal

inaudible al oído humano y sólo perceptible entre ciertos animales. Fija su atención en la superficie del agua y visualiza a nuestros dos amigos, que yacen casi moribundos envueltos en una bruma a cuatro mil metros de altitud.

Comienza a dar giros en espiral, invocando a sus antepasados, al tigre blanco de Siberia, a todo el linaje de chamanes del mundo de los espírutus de los animales, pidiendo que le confieran los poderes necesarios para trasladarse al lugar donde se encuentran Doña Morroco y Tití para ayudarles.

Gira y gira la espiral. Cuando se detiene, penetra el jaguar silenciosamente entre la niebla y con su aliento sanador, sopla en la cabeza de Doña Morroco, a la vez que le va dando indicaciones sobre cómo continuar el ascenso:

– Sus cuerpos físicos deben permanecer aquí, continuarán su viaje en espíritu hasta encontrar al cóndor. Sabrán que habrán llegado, al ver en el suelo una sombra enorme como los dedos de una mano; es la silueta de sus grandes plumas de vuelo desplegadas.

Una vez que hayan terminado su visita, retornarán a sus cuerpos. Se sentirán algo mareados, pero con fuerzas suficientes para bajar las montañas. Tití también estará sano, pero sólo tú recordarás nuestro encuentro.Antes de desvanecerse tras la neblina, el jaguar les cuelga un collar de cuarzos en el cuello, invisible a los ojos de Tití.

Sin hambre ni fatiga, con una sensación de liviandad y ligereza , avanzan y a su paso cientos de arcoiris se van abriendo como mariposas recién salidas de su crisálida. Fácilmente suben los escarpados pliegues de las montañas hasta alcanzar los altos picos del reino del cóndor.

En medio de aquel paisaje radiante y luminoso, sostiene Tití con asombro y curiosidad, en la palma de su mano izquierda, un puñado de nieve y embelesado en la contemplación, repasa con el índice derecho una y otra vez la superficie de aquellos cristales geométricos, que se enlazan formando figuras de una belleza jamás vista por él.

– Doña Morroco, usted no me va a creer, pero puedo ver lo diminuto en gran aumento – le dice Tití con gran exitación.

– Sí Tití, te creo – responde. Aquí donde pareciera que no existen formas, es en verdad la casa de los elementos en un alto grado de pureza.

– Con excepción del fuego, al que no… – y antes de que Tití termine la frase, lo interrumpe Doña Morroco señalando la blancura de las montañas.

– Allí Tití, ¿ves una enorme sombra que parecen unos dedos? ¡Es el cóndor, el avatar del Sol! ¡El guardián del fuego en la tierra! ¡Lleva en sus ojos dos brazas encendidas!

Y al decir esto escucha la voz del jaguar que le susurra:

Esos son ojos que todo lo ven.

Ojos que atesoran el espíritu de la vida.

Ojos portadores de semillas de creación y destrucción.

Fuente eterna de constante cambio y movimiento.

Mirada que purifica todo lo que toca.

– Acomódense, es un poco estrecho, pero la vista sobre la cordillera es majestuosa – dijo el cóndor, apuntando hacia una angosta cornisa que sobresalía al borde de un precipicio escalofriante.

Para su propia sorpresa, Tití, no sentía temor. Una extraña convicción interior le aseguraba que en ese momento, nada malo podía ocurrirles.

Doña Morroco no hizo ningún comentario. Ella conocía la razón que les permitía estar allí, e intuía que el cóndor estaba al tanto de lo sucedido con el jaguar.

Sin preámbulos ni formalidades, el cóndor abordó de manera franca y directa el motivo del encuentro.

Creo que ustedes están de acuerdo conmigo si considero a plantas, piedras, animales y humanos, como terrícolas. Todos compartimos un vasto territorio con una gran variedad de formas, donde la belleza es una nota dominante en sus diversas manifestaciones y de la que los seres humanos han tenido la vana ilusión de querer apropiarse. Han incluso pretendido alcanzar la vida eterna a través de ella y en su intento han desafiado las leyes de la naturaleza, fragilizando el equilibrio armónico de convivencia.

Dada mi facultad de volar a gran altura y permanecer suspendido en el aire, puedo observar la globalidad del problema. Entiendo la preocupación de la gran variedad de especies de animales, que se encuentran amenazadas de extinción por una única especie: ¡La humana!

Les contaré una historia del legado de mis ancestros, que como en aquel entonces cobra de nuevo vigencia.

En una época muy lejana, el planeta Tierra se

sumió en las tinieblas porque el sol comenzó a extinguirse. El calor y la luz eran escasos y la vida al interior del planeta se debilitó; la muerte andaba a sus anchas.

En distintos rincones del planeta hubo reuniones de consejos de ancianos y todos coincidían en la urgencia de enviar un emisario a buscar otro sol. Tal empresa no parecía factible. Nadie se sentía en capacidad de cumplirla, hasta que uno de mis antepasados conocido por su fortaleza, nobleza, sabiduría y compasión, invocó al Gran Espíritu durante nueve días para que lo protegiera y guiara en su viaje por la infinitud del universo.

Atravesó las distintas capas de la esfera terrestre, mientras sentía una fuerza enorme que lo expulsaba fuera de la órbita y de la galaxia. Se movía a gran velocidad esquivando vórtices de energía y corredores de luces multicolores y fosforescentes que aparecían de la nada ejerciendo sobre él una gran atracción magnética.

Viajó y viajó por la oscuridad insondable del

universo, buscando un sol y durante mucho tiempo pero no halló ninguno.

La esperanza de poder cumplir con su cometido empezó a flaquear y un sentimiento de querer abandonarse a aquella inmensidad comenzó a invadirlo.

La duda y el cansancio entraron en su ser y cuando ya estaba a punto de sucumbir, fue jalonado por una fuerza hacia el interior de un planeta de atmósfera sutil y vaporosa, donde el cielo era violeta y lo que parecían ser colinas resplandecían en magenta. En medio de su aturdimiento y fatiga, vislumbró unos seres que lo asistían, ofreciéndole alimento y un lecho donde reposar.

Habiendo recuperado sus fuerzas, se encontró caminando por una extensa pradera luminosa en donde halló un grupo de mujeres y hombres o al menos eso semejaban, sentados en círculo, que le sonreían y lo invitaban a formar parte de la reunión. Ocupó el espacio que le fue asignado y de la audiencia se oyeron varias voces.

Le dijeron:

" Hemos sido convocados aquí por El Gran Sol. Procedemos de distintos lugares del universo y conocemos la dificultad por la que está atravesando la Tierra. Admiramos tu valor al haber emprendido tan largo viaje y es nuestro deseo ayudarte a no desfallecer y a que retornes a casa con éxito.

En la Tierra están sufriendo la extinción del sol, fundamentalmente por el olvido de que en el espíritu de cada ser viviente hay un sol

que ilumina la existencia. Los humanos con su arrogancia, al querer controlar y dominar la vida, fueron sembrando oscuridad y sufrimiento. Un sopor de ambición opacó sus miradas. Dejaron de contemplar al sol y a la naturaleza con asombro y misterio. La resonancia de la vida en equilibrio en todas sus manifestaciones se resquebrajó.

Las delicadas redes energéticas de conexión entre cielo y tierra se estropearon, apagándose el calor de la alegría de vivir. En consecuencia, la fuente solar de la galaxia perdió su sintonía con el planeta.

Sin embargo, es suficiente con que se mantenga viva una chispa para que el fuego no se extinga, como en tu caso. Es por eso que has podido hacer este largo viaje. En recompensa a tu esfuerzo, el Gran Sol ha querido que lleves en tus ojos dos brazas de su fuego para que todo lo que tu mirada toque, despierte del olvido a la consciencia solar. Tú y tu descendencia, serán a partir de hoy, avatares del Sol".

Con tan valioso tesoro, regresó el cóndor a la tierra y por donde volaba y su mirada se posaba, renacía de nuevo la vida. Más sin embargo, un peligro prevalecía; posibles enfermedades y epidemias allí donde la muerte había dejado putrefacción a su paso. Ante tal visión, se conmovió su espíritu compasivo e hizo un llamado a sus familiares, quienes acudieron con profundo respeto y admiración y no dudaron en aceptar la tarea propuesta por El Cóndor Magno: la de limpiar y purificar los deshechos. Y en un gesto de humildad, el cóndor se hizo carroñero, siendo seguido desde entonces por sus congéneres.

Anonadado por el relato, Tití hizo una venia al cóndor desde el voladizo sin caer al precipicio, sorprendido por su propia agilidad. Doña Morroco sonrió para sus adentros, a la manera que suele hacerse cuando se conoce un secreto y luego, dirigiéndose al cóndor, preguntó:

– ¿Pero cómo ayudar ahora, cuando hasta el mismo mensajero del Sol, se encuentra en peligro?

– Primero que todo, confía en tu luz interior. – respondió el cóndor. No olvides que en el rescoldo vive el fuego y si tú y Tití han tenido la fuerza y el valor de recorrer todo ese territorio desde La Orinoquía hasta aquí, es una señal de que existe la posibilidad de retornar al equilibrio.

En segundo lugar, debemos trazar una estrategia de apoyo y para ello sugeriría una reunión especial con algunos de los más sabios y poderosos del reino animal: La ballena, el delfín, el jaguar, la anaconda, tú, yo y el colibrí.

Tití da un salto y replica, – ¿Y conmigo no cuentan? ¡Doña Morroco me necesita!

– Sí, por supuesto, Tití – responde el cóndor. Perdona mi torpeza. Es claro que también debes estar.

– Obviamente también tú, Tití – Le dice Doña Morroco, mientras lo abraza. No solo eres importante para mí, sino para todo el planeta.

Hubo abrazos y aletazos en señal de solidaridad y acuerdo entre los tres.

Se ven destellos de luz emanar de los cuarzos que se entrelazan con arcoiris juguetones, en una danza de ofrenda a la vida. La alegría se dejaba caer en cascadas doradas sobre los peñascos, levantando una espuma de diminutas estrellas.

Doña Morroco se hallaba profundamente conmovida y en su corazón se despertó un recuerdo. Dirigiéndose a Tití le dijo:

– Es hora de regresar a nuestras tierras bajas. Comienzo a sentir añoranza del dulce aroma de los mangos en flor.

– Y yo de mis amigas las guacamayas. – respondió Tití.

– Vamos entonces, Tití. Recuerda que nos espera un largo viaje de vuelta entre desnudos paisajes, donde el viento se hace flauta para acompañar soledades. Por entre bosques frondosos, guardianes nobles de la vida. Entre cañones y valles, donde los arroyitos cantan y en las piedras hay labradas antiguas historias; antesala maravillosa de nuestro llano, donde morichales y arreboles son un poema vivo. Vamos, vamos ya Tití. Apresura el paso. No hay tiempo que perder.

El cielo era claro y sereno. Los dulces rayos del sol proyectaban la sombra alargada del cóndor sobre las cabezas de Morroco y Tití, quien de buen anfitrión los acompaña un buen trecho hasta la salida del cañón hacia el valle.

Allí los despide, y a medida que el camino va penetrando en la profundidad del valle, van latiendo los tres corazones en armoniosa sintonía con el corazón de la Tierra.

Los animales de esta historia

Morrocoy: Vive en casi toda América del Sur, desde el norte de Argentina hasta el sur de Panamá. Prefiere las selvas y las sabanas. Se alimenta de flores, hojas, frutas, invertebrados vivos y animales muertos. Está en peligro de extinción pues su carne es muy apetecida y su hábitat natural está siendo colonizado por el hombre. Puede aguantar largos períodos sin comer ni beber agua.

Tití Gris: Su lugar preferido son los bosques del norte de Colombia. Come principalmente frutos e insectos. Recorre grandes distancia en busca de alimento. Aun-

que puede convivir con los seres humanos,
están en peligro de extinción pues los bosques
en los que vive se están acabando.

Delfín Rosado: Vive principalmente en los ríos de la amazonía y la orinoquía (ver mapa al final). Puede llegar a ser muy simpático y juguetón. Se alimenta principalmente de pescado y con frecuencia queda atrapado en las redes de los pescadores.

Nutria: Se alimenta de pequeños peces y vive en Colombia en los ríos de la amazonía y la orinoquía. Puede llegar a medir hasta dos metros y su pelaje es muy suave y tupido. Por esta razón ha sido perseguida por los cazadores de pieles.

Venado: Come hierba y habita en las sabanas a lo largo del continente americano. Los machos son más grandes que las hembras y pueden llegar a medir un metro de alzada. Vive en manadas de hasta 15 indivi-duos. Su carne es muy apetecida debido a que a veces convive con el ganado.

Cóndor: El cóndor es una de las aves más grandes del planeta. Hace sus nidos en los picos más altos, donde sus crías quedan al abrigo de los depredadores. Las hembras ponen un solo huevo a la vez y es el ave rapaz que más tarda incubando: de 56 a 60 días. Tiene una sola pareja durante toda la vida. En Colombia está en peligro de extinción debido a que los humanos piensan erróneamente que mata el ganado.

Armadillo: Es originario de Centro y Suramérica. Come insectos y restos de animales muertos. Debido a que es muy resistente a las enfermedades, los seres humanos lo usan con fines medicinales. Su carne también es muy sabrosa. Por eso ha sido víctima de la cacería y en algunos lugares ya no es posible encontrarlos.

Danta: Es un pariente lejano de los caballos y los rinocerontes. Es el mamífero terrestre más grande de Suramérica. Pueden medir hasta dos metros y medio de largo, más de un metro de alto y pesar hasta 300 kilos. Viven en regiones selváticas y hay una especie que vive en los páramos. Tiene mucha fuerza y debido a su peso abre caminos profundos en medio de la selva. Está amenazada por la destrucción de su entorno natural y la cacería desmedida.

Oso de anteojos: Es el único oso que vive en Suramérica. Es principalmente hervíboro aunque a veces come carne de animales pequeños. Puede trepar a los árboles con mucha facilidad y hace caminos por los que puede correr a gran velocidad. Está en peligro de extinción en toda Suramérica en gran medida porque la gente piensa que es peligroso para su ganado y sus cultivos y por eso es perseguido. Su entorno natural también está amenazado.

Jaguar: A este felino le encanta el agua. Es un talentoso cazador y tiene una mordida muy poderosa. Necesita un amplio territorio para poder vivir. Por eso al protegerlo, se protege a muchas otras especies. En las zonas donde hay ganado los humanos contratan cazadores profesionales para cazarlo. En la actualidad su población está en declive y se considera que está casi amenazada.

REGIONES NATURALES DE ESTA HISTORIA

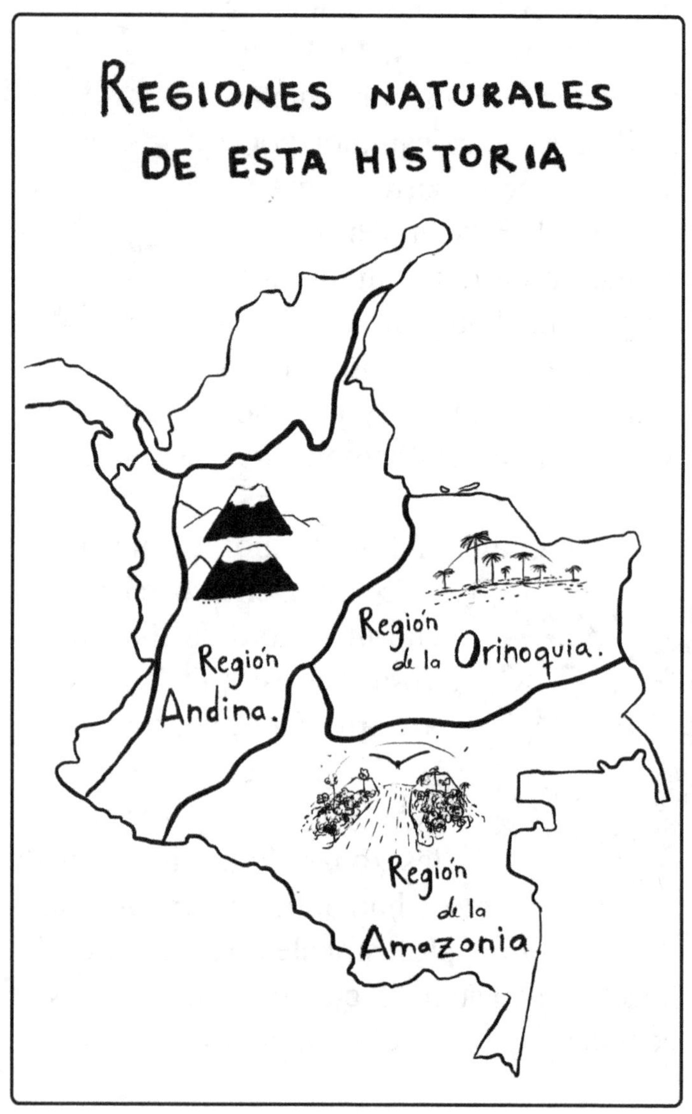

Luz Amparo Díaz Morales (Antares)

Nació en Bogotá, pero convive desde hace 22 años con pájaros, ardillas, guatínes, perezosos y gran diversidad de árboles nativos.

Su amor por la naturaleza y la literatura infantil, la inspiraron a escribir historias sobre animales y otros temas relacionados con la Madre Tierra.

Contenido